LE CORSAIRE

BALLET-PANTOMIME EN TROIS ACTES

DE

MM. DE SAINT-GEORGES ET MAZILLIER

Musique de

M. A. ADAM

DÉCORS DE

MM. DESPLÉCHIN, CAMBON, THIÉRY ET MARTIN

MACHINES DE M. SACRÉ

Représenté pour la première fois, à Paris, sur le théâtre impérial de l'Opéra,
le 23 janvier 1856.

Prix : 1 franc.

PARIS

Mme Ve JONAS, ÉDITEUR-LIBRAIRE DE L'OPÉRA
4, RUE MANDAR

| TRESSE, PALAIS-ROYAL | MICHEL LÉVY FRÈRES |
| Galerie de Chartres. | 2 bis, rue Vivienne. |

1856

LE CORSAIRE

BALLET-PANTOMIME EN TROIS ACTES

DE

Jul-Henri

MM. DE SAINT-GEORGES ET MAZILIER

MUSIQUE DE

M. A. ADAM

DÉCORS DE

MM. DESPLÉCHIN, CAMBON, THIÉRY ET MARTIN

MACHINES DE M. SACRÉ.

Représenté pour la première fois, à Paris, sur le théâtre impérial de l'Opéra le 23 janvier 1856.

Prix : 1 franc.

PARIS

Mme Ve JONAS, ÉDITEUR-LIBRAIRE DE L'OPÉRA

4, RUE MANDAR

TRESSE, PALAIS-ROYAL | MICHEL LÉVY FRÈRES
Galerie de Chartres. | 2 bis, rue Vivienne.

1856

PERSONNAGES.

CONRAD, Corsaire....................................	MM. Segarelli.
SEYD, Pacha de l'île de Cos......................	Dauty.
ISAAC LANQUEDEM, maître d'un bazar à Andrinople.	Berthier.
BIRBANTO, premier Lieutenant des Corsaires.......	Fuchs.
LE CHEF DES EUNUQUES du Harem de Seyd-Pacha.	Petit.
DEUXIÈME EUNUQUE................................	Cornet.
MÉDORA, jeune Fille grecque...................... Mmes	Rosati.
ZULMÉA, Sultane favorite du Pacha..............	L. Marquet.
GULNARE, Esclave du Pacha de l'île de Cos......	Couqui.
MOLDAVE..	Caroline.
ITALIENNE..	Nathan.
FRANÇAISE...	Quéniaux.
ANGLAISE..	Legrain.
ESPAGNOLE..	L. Marquet.
NÉGRESSE..	Aline.
JEUNE ESCLAVE....................................	Cellier.
Idem..	Poussin.
Idem..	Troisvalet.
ALMÉE...	Pierron.
Idem..	Villiers.
Idem..	Savel.
Idem..	Rousseau.

Eunuques, Corsaires, Esclaves, Imans, Marchands, Acheteurs, Gardes, Matelots, Almées, Odalisques, etc., etc.

DIVERTISSEMENT.

PREMIER ACTE.

PAS DE CINQ.
Mlles Caroline, Nathan, Quesniaux, Legrain, Marquet.

BACCHANALE DES CORSAIRES.
MM. Fuchs; Mlles Pierron, Villiers, Savel, Rousseau.

PAS DES ÉVENTAILS.
Mmes Rosati, Pierron, Villiers, Savel, Rousseau.

DEUXIÈME ACTE.

PAS DE Mme ROSATI.

DANSES A BORD.
Mme Rosati et les Coryphées.

ACTE I.

PREMIER TABLEAU.

DOUZE ALMÉIS.

MM. Mercier, Troisvallet, Schlosser, Mauperin, Dieul. Simon, Gaujelin, Poussin, Mathet, Imner, Collin, Pilvois.

DOUZE MUSULMANES.

Mlles Giraud, Danse, Chambret, Cassegrain, Daufeld, Erivau, Vibon, Maloubin, Marchand, Gallois, Boin, Villeroi.

QUATRE FEMMES RUSSES.

Mlles Dujardin, Chatenay, Baratte, Parcot.

QUATRE FEMMES CIRCASSIENNES.

Mlles Chassaignes, Lefèvre, Ducimetière, Martin.

QUATRE FEMMES ITALIENNES.

Mlles Fontaine, Jousse, Letourneur, Potier.

QUATRE FEMMES ARMÉNIENNES.

Mlles Crétin, Lami, Gamblot, Devaux.

TROIS MARCHANDS D'ESCLAVES.

MM. Millot, Monfalet, Bion.
1er acheteur, Lefèvre.

SEIZE CORSAIRES.

MM. Charansonnay, Raimond, Caron, Dieul, Duhamel, Jeandron, Libersac, Jules, Scio, Pisarello, Estenne, Darcourt, Fauget, Meunier, Gondouin, Carré.

SIX DAMES ESCLAVES.

Mlles Malgorne, 2e; Corine, Letellier, Dubelly, Decamps, Prevost.

QUATRE DAMES VOILÉES.

Mlles Garcy, Dufour, Collet, Rossi.

HUIT PETITS MAURES.

MM. Barbier, Bretonneau, Montet, Andrieux, Letourneur, 1er; Letourneur, 2; Letourneur, 3; Agasse.

SEIZE PETITES MAURESQUES.

Mlles Marcus, 1er; Toutain, Tarlé, Deléonaix, Braque, 1er; Piogue, Rébart, Hairiveau, 2e; Fiocre, 2e; Thibert, Poral, Andrieux; Pilatre, Robert, Baugrand, Marcus, 2e.

ONZE NÈGRES.

MM. Michaud, Fefèvre, 2e; Duhamel, 8e; Barbier, Leroi, Mami, Duport, Bertrand, Gabillot, Carey, Rousseau.

SIX JEUNES EUNUQUES.

Mlles Malgorne, 1re; Sibillisse, Dulert, Fontaine, Motteux, Jullien.

QUATRE MARCHANDS, DIX ACHETEURS, VINGT GARDES DU CORSAIRE.

Danse des Corsaires.

M. Fuchs; Mlles Pierron, Villers, Savel, Rousseau; MM. Charansoncy, Raimsnd, Caron, Duhamel, Jaudron, Libersac, Diole, Jules, Siot, Pissard, Estienne, Darcourt, Fanget, Meunur, Gondoin, Carret.

TRENTE-DEUX DAMES.

Mmes Mercie, Troisvallets, Sclosser, Mauperin, Simon, Gogelin, Poussin, Mathé, Ynmer, Sellier, Girot, Pillevoy, Danse, Chambret, Cassegrain, Damphel, Eriveaux, Vitbon, Dujardin, Chassagne, Lefèvre, Ducimetierre, Mortier, Mallonbois, Cretin, Gallois, Boin, Biolle, Fontaine, Jousse, Pottier, Lamy, Gambelon.

Pas d'Éventail.

Mmes Rosati, Pierron, Villiers, Savel, Rousseau, Mercur, Troisvallet, Schosler, Mauperin, Simon, Gogelin, Poussin, Mathé; Mlles Inmes, Cellier, Giraud, Epilevoy.

Danse des Odalisques.

Mlles Mercier, Troisvallet, Slosses, Mauperrin, Simon, Gogelin, Poussin, Mathé, Inmes, Sellier, Giraud, Pilevoy, Danse, Chambrex, Cassegrain, Danfeld, Diol, Erivaud, Vitbon, Dujardin, Chassagne, Lefèvre, Ducimetierre, Morton, Maloubié, Cretin, Gallois, Boin, Merchand, Fontaine, Jousse, Letourneur, Pottier, Lamy; Barratte, Gamblon, Chatenay, Villeroy, Devaux, Parent, Marcus, Toutin, Tarté.

SEIZE BEIGNEUSES DU HARÈM.

Mlles Malgorne, 1re, Garry, Julia, Dufour, Rossi, Malgorne, 2e, Collet, Bulles, Corinne, Fontaine, Letellier, Prévost, Dubelly, Moteny, Sivelesse, Decan.

Pas de M^o ROSATI.

Mlles Gogelin, Mathé, Inmer, Giraud, Pilleroy, Danse, Chambrey, Danfeld.

VINGT DERVICHES.

MM. Charanconny, Rémond, Carron, Duhamel, Gandron, Libersac, Diol, Jules, Scio, Millot, Monfalet, Pisarel, Estienne, Darcourt, Fangay, Bion, Meunier, Gondoin, Lefèvre, Carret.

QUATRE NÈGRES.

MM. Michaud, Carret, Duhamel, Barbier.

VINGT-QUATRE GARDES DU PACHA, VINGT PÉLERINS, DEUX CHAMELIERS, QUATRE GIAOURS.

Comparses.

DIX NÈGRES.

MM. Michaud, Duhamel, Barbier, Carret, Leroy, Mami, Bertrand, Gabillo, Rousseau, Lefèvre.

DIX GARDES DU PACHA, QUATRE TURIFÉRAIRES, SIX PRÊTRES.

Comparses.

VINGT CORSAIRES.

MM. du Corps de Ballet.

QUINZE MOUSSES.

Élèves des Classes.

SEIZE ESCLAVES.

Dames Coryphées.

LE CORSAIRE

BALLET-PANTOMIME EN TROIS ACTES.

ACTE PREMIER.

PREMIER TABLEAU.

Une place de la ville d'Andrinople. Au milieu de la place, un marché d'esclaves.

SCÈNE PREMIÈRE.

De belles esclaves sont couchées sur des nattes et des divans.

Des Turcs, des Grecs, des Arméniens fument au milieu de la place des almées dansent devant eux.

Des marchands étalent de riches étoffes.

SCÈNE II.

Une troupe de corsaires grecs s'avance, précédant Conrad, leur chef.

Conrad recommande le silence et la sobriété à ses gens ; il semble chercher quelqu'un dans le bazar.

Une femme voilée paraît sur le balcon d'une des maisons de la place.

C'est la belle Médora, la pupille d'un vieux Juif renégat, Isaac Lanquedem, le maître du bazar.

La jeune fille entr'ouvre son voile en apercevant le beau corsaire, puis détachant des fleurs de sa coiffure et de son corsage, elle en forme un *selam, bouquet parlant*, dans lequel chaque fleur traduit une pensée ou un sentiment.

Elle jette le bouquet à Conrad, qui exprime sa joie en y lisant l'amour de Médora.

La jeune fille quitte le balcon.

Conrad s'approche de ses corsaires et leur donne des ordres secrets.

SCÈNE III.

Isaac et Médora paraissent dans le bazar; le Juif examine ses différents hôtes, et marchande quelques esclaves, dont il fait lui-même le commerce.

Pendant ce temps, Conrad et Médora échangent entre eux des signes d'intelligence.

SCÈNE IV.

Une marche se fait entendre, et l'on voit sortir d'une riche litière le pacha de l'île de Cos.

Seyd-Pacha est un vieillard usé, blâsé, puissamment riche. Il vient renouveler son harem, et regarde les esclaves en connaisseur.

Les marchands, pour séduire le riche amateur, font danser devant lui les femmes de tous les pays; mais le pacha reste insensible, rien ne lui plaît : l'une est trop grasse, l'autre trop maigre, celle-ci trop grande, celle-là trop petite. Il va s'éloigner, quand il aperçoit Médora.

Sa physionomie rayonne tout à coup.

C'est elle, c'est elle seule qu'il veut acheter.

Le Juif refuse de vendre sa pupille.

Le pacha lui offre des trésors, et le renégat semble capituler avec sa conscience.

Conrad suit cette scène d'un air inquiet; il saisit ses tablettes, y trace quelques mots, et les glisse à Médora pour la prévenir des dangers qui la menacent.

Médora se trouble à cette lecture; mais Conrad la rassure d'un geste énergique; il veillera sur elle, il la sauvera!

Le pacha, de plus en plus épris de la belle Grecque, offre tant d'or et de pierreries au renégat Isaac, qu'il le décide à conclure l'infâme marché.

Le pacha s'éloigne pour faire avancer sa suite, afin d'enlever Médora; mais avant de quitter le bazar, il s'approche d'elle, lui fait des compliments, et sort en la regardant amoureusement.

La jeune Grecque, effrayée, court à Conrad; elle sent qu'il y a là pour elle un refuge, une protection!

Conrad fait signe à ses pirates d'entourer Isaac, et ceux-ci obéissent en accablant le Juif de politesses comiques.

Pendant ce temps, le corsaire jure à Médora de l'enlever au vieux maître qu'on veut lui donner; il jette de l'or aux jeunes almées, donne le signal d'une danse joyeuse et animée entre elles et les corsaires, puis, entraînant Médora, ils se mêlent tous deux aux autres danseurs.

La Juive s'y prête en riant, malgré la protestation d'Isaac et le mécontentement du vieux pacha, revenu pour chercher sa captive.

Tout à coup le corsaire détache son zarape d'or, qu'il fait briller aux yeux de ses compagnons. A cette vue, les corsaires saisissent leurs belles danseuses dans leurs bras et les emportent vivement en fuyant de tous côtés.

Conrad s'est emparé de Médora, qu'il presse sur son cœur en défiant le pacha.

Le Juif veut courir après sa nièce. — Qu'à cela ne tienne, dit le corsaire en désignant le Juif à ses gens, qu'on l'enlève aussi!

Des corsaires emmènent Isaac malgré sa résistance et fuient avec leur proie, tandis que le pacha reste seul avec ses eunuques abasourdis et consternés.

DEUXIÈME TABLEAU.

Un palais souterrain, vaste et magnifique demeure où sont amoncelées d'éblouissantes richesses. Armures précieuses, splendides étoffes, pierreries de toutes sortes, vases d'or et d'argent.

SCÈNE PREMIÈRE.

Quelques noirs brûlent des parfums et préparent tout pour l'entrée de leur seigneur et maître.

SCÈNE II.

Conrad paraît, amenant la belle Médora, sa charmante conquête.

La jeune fille examine tout avec une curiosité à laquelle se joint un sentiment d'effroi.

Conrad la rassure. Il la fera reine de ces lieux souterrains, comme il est lui-même roi des mers et de leurs parages. Il lui exprime sa passion, son bonheur. — Mais pourquoi, lui dit Médora, un si terrible état? Pourquoi toujours la mort dans le cœur? le poignard à la main?

Ne vivrez-vous pas à présent pour celle qui vous aime?

Conrad lui répond que pour elle il peut renoncer à tout, à sa gloire sauvage, à ses richesses qu'il augmente chaque jour.

— *Je donnerais tout cela*, dit-il à la belle Grecque, *pour un mot de ta bouche, pour un regard de tes yeux!...*

— *Mes lèvres alors ne s'ouvriront que pour te bénir*, répond Médora, *et mes yeux n'auront pour toi que des regards de tendresse et de reconnaissance.*

Conrad s'éloigne avec Médora.

SCÈNE III.

Birbanto, les chefs pirates, et le renégat Isaac amené par eux, viennent se ranger autour de la grotte.

Le vieux Juif captif est pâle et tremblant.

Une draperie de pourpre se relève, et l'on aperçoit Conrad le corsaire, à demi couché sur un lit de peaux de tigres.

Médora est à ses pieds.

Conrad fume son chibouk, le bras passé autour du cou de Médora, qui le regarde avec amour.

SCÈNE IV.

On introduit les captives du corsaire, enlevées au marché d'Andrinople et sur d'autres rivages encore.

Grecques, Espagnoles, Italiennes, Musulmanes.

Elles défilent toutes devant le chef, qui les regarde avec indifférence, et n'a des yeux, comme il n'a d'amour, que pour la charmante Médora.

Les jeunes filles éplorées se jettent aux genoux de Conrad, et implorent sa pitié.

Mais le pirate les repousse, et leur ordonne de s'unir à Médora dans le pas brillant que la belle Grecque s'apprête à danser devant lui.

PAS DES ÉVENTAILS.

Médora profite de l'admiration du corsaire pour lui demander la grâce de ses belles prisonnières.

Un instant indécis, Conrad ne peut résister aux prières de celle qu'il aime; il ordonne qu'on rende les jeunes filles à la liberté.

Mais Birbanto, le lieutenant, ameutant autour de lui les chefs corsaires, leur représente que ces femmes font partie du butin, et qu'ils ont droit au partage.

Ils s'avancent tous vers Conrad en le menaçant.

Le regard du corsaire devient terrible.

D'un geste puissant, il fait reculer les mutins.

Ces hommes farouches sont prêts à se révolter.

Mais Conrad, saisissant le bras de Birbanto, le plus audacieux de tous, force le rebelle à plier devant lui, et le jette à ses genoux.

A cet acte de vigueur, les pirates reconnaissent le maître et s'inclinent devant lui.

Sur un signe de Conrad, toutes les portes de la grotte s'ouvrent à la fois, et les prisonnières joyeuses s'élancent au dehors comme une volée d'oiseaux rendus à la liberté.

Conrad s'éloigne appuyé sur Médora, et suivi des principaux chefs humbles et repentants.

SCÈNE V.

Birbanto et quelques corsaires demeurent seuls dans la grotte avec Isaac, terrifié par cette sombre compagnie...

— *Approche*, dit Birbanto à Isaac, *tu n'as rien à craindre de nous; au contraire, il faut que tu reprennes ta pupille, cette enchanteresse déjà trop puissante sur le cœur du chef; il faut que tu nous en délivres; en un mot, que tu nous la rachètes.*

— *Quelle horreur!* s'écrie le Juif consterné, *me vendre ma pupille à moi-même!*

— *Tu voulais bien la vendre à Seyd-Pacha!...*

— *C'était mon bien.*

— *C'est le nôtre à présent, puisque nous te l'avons volée.*

— *Mais, comment me la vendre? je n'ai plus rien, je suis dépouillé, ruiné!...*

— *Tu mens,* dit Birbanto, *et tu caches ce que tu possèdes.*

On lui ôte son bonnet, il en tombe des sequins.

On lui enlève sa robe, il en tombe des perles; son écharpe, il en pleut des diamants.

— Maintenant, lui dit en riant Birbanto, *voici la rançon de la captive payée; elle est à toi, nous te la rendons.*

— *Et comment cela?* s'écrie Isaac surpris.

— *Regarde,* lui dit le pirate, *et ne bouge pas!...*

Le pirate va cueillir aux arbustes qui décorent la grotte un bouquet de *fleurs de lotus.*

Puis, montrant mystérieusement au renégat un petit flacon d'or qu'il tire de son sein, *il en verse le contenu sur les fleurs du lotus.*

Il s'approche alors d'un pirate resté en sentinelle près de la porte, et lui fait respirer son bouquet.

Les signes du sommeil paraissent aussitôt chez le pirate.

Il étend les bras, ferme les yeux, s'affaisse sur lui-même et s'endort.

— *Tu as vu!* dit Birbanto au renégat stupéfait; *viens maintenant,* ajoute-t-il en l'entraînant rapidement, *la belle Médora est à toi!...*

SCÈNE VI.

C'est l'heure du souper de Conrad.

On apporte une table splendidement servie.

Le corsaire reparaît avec Médora, lui montre la table, et l'invite à s'asseoir.

Mais il renvoie d'abord ses esclaves pour rester seul près de sa bien-aimée.

Une scène d'amour commence entre eux.

Médora refuse de se placer près de Conrad.

C'est elle qui le servira.

Se multipliant autour de son seigneur, elle remplit sa coupe, lui présente le sorbet, apporte son chibouk.

Tous ces soins sont entremêlés de danses gracieuses, et de baisers que lui dérobe le corsaire.

Une draperie se soulève silencieusement.

Une jeune fille paraît, portant sur un plat d'or le *fatal bouquet de lotus*, sur lequel Birbanto a versé son puissant somnifère.

La jeune fille, guidée par Isaac, s'approche de Médora, la prie d'offrir ce bouquet au corsaire, et se retire aussitôt.

Médora tient le bouquet fatal.

Elle l'appuie un instant sur son cœur, comme pour lui donner plus de prix aux yeux de son amant.

Puis elle le présente au corsaire.

Conrad l'accepte avec amour.

Il presse le bouquet sur ses lèvres et en respire délicieusement le parfum.

Mais à peine l'arome funeste a-t-il été senti par Conrad, que toute sa personne s'alanguit.

Il passe la main sur ses yeux, comme pour chasser le sommeil qui l'envahit.

Le sommeil est le plus fort.

Conrad y succombe peu à peu, et sa tête retombe sur les coussins de l'ottomane.

Médora le regarde avec tendresse.

Elle veillera elle-même sur le sommeil de son amant.

Bientôt un léger bruit se fait entendre.

La belle Grecque écoute, et voit avec effroi deux hommes, le visage voilé, paraître à l'une des portières de la grotte.

Elle se lève alors, inquiète et troublée.

Deux nouveaux hommes s'avancent par une seconde porte.

Puis deux autres encore.

Pleine d'épouvante, Médora court au corsaire, qu'elle cherche en vain à réveiller.

Mais le sommeil de Conrad défie ses efforts.

Les hommes s'avancent, la menaçant de leurs poignards.

— *Que voulez-vous faire de moi?* demande-t-elle.

— *T'enlever à cet homme*, répondent-ils en montrant Conrad.

— *Jamais vous ne m'en séparerez!* s'écrie Médora en s'emparant du poignard de Conrad toujours endormi.

L'audacieux Birbanto veut désarmer la jeune fille, celle-ci frappe le téméraire au bras, et lui fait une profonde et douloureuse blessure.

Birbanto, rendu plus furieux à la vue de son sang, va s'élancer de nouveau sur sa proie, mais un bruit qu'il croit entendre le force, ainsi que ses compagnons, à aller s'assurer au fond de la grotte que leur crime est sans témoin.

Médora profite de cet instant pour tracer à la hâte quelques lignes sur les tablettes que lui a données Conrad au marché de l'île de Cos, et les placer sous la main de Conrad toujours endormi.

Les pirates reviennent, entourent la jeune fille, lui jettent un voile sur la tête, et l'emportent malgré ses efforts, suivis d'Isaac qui se frotte les mains et paraît ravi du succès de la ruse.

Pendant ce temps, Conrad endormi rapproche de ses lèvres le bouquet de lotus que lui a donné Médora, et embrasse les fleurs avec amour.

FIN DU PREMIER ACTE.

ACTE DEUXIÈME.

Le palais du pacha, dans l'île de Cos. — Les bains des femmes du pacha, au milieu de magnifiques jardins. — La vue des bains est interceptée par d'immenses draperies.

SCÈNE PREMIÈRE.

Les femmes du pacha sortent du bain et achèvent leur toilette.

Les unes tressent leurs longs cheveux ; d'autres, placées devant des miroirs que soutiennent des esclaves, se couronnent de fleurs et de perles.

D'autres, enveloppées dans leurs vastes peignoirs, choisissent leur parure parmi les tuniques qui leur sont présentées ; d'autres enfin folâtrent entre elles.

Zulméa, la sultane favorite, est au milieu des odalisques et reçoit leurs soins avec hauteur. Les odalisques expriment leur dépit d'être forcées d'obéir à l'impérieuse sultane.

SCÈNE II.

Après ce tableau mêlé de danses, on voit entrer Gulnare, la jeune rivale de Zulméa dans le cœur du pacha.

Toutes les odalisques préfèrent la charmante Gulnare à la hautaine sultane, rient des ordres qu'elle leur donne, et se moquent également de l'eunuque en dansant autour de lui.

— *C'est une révolte complète,* dit l'eunuque furieux ; *grâce à cette mauvaise tête-là,* ajoute-t-il en désignant Gulnare ; *mais le pacha y mettra bon ordre.*

SCÈNE III.

Seyd-Pacha paraît, entouré de ses ministres.

Il est encore furieux de sa mésaventure du bazar d'Andrinople; il veut s'en venger sur tout le monde.

Il entre, les sourcils froncés et le front courroucé.

Le premier eunuque vient se plaindre au pacha de la révolte des femmes du harem.

Zulméa se plaint de son côté de l'insolente Gulnare, qui a manqué de respect à sa favorite.

Les femmes se plaignent à leur tour de l'orgueil de la sultane favorite.

Le pauvre pacha ne sait à qui entendre.

Étourdi de tout ce tapage, il consulte ses ministres.

— *Si je leur faisais couper la tête?* dit-il. *Après ça, il faudrait en chercher d'autres, et ce serait toujours la même chose.*

Il fait approcher les rebelles, qui s'avancent l'air fier et moqueur, toujours encouragées par la jeune Gulnare.

Le pacha leur ordonne de s'incliner en sa présence, et de rendre hommage à sa sultane favorite, qui les regarde avec un air de triomphe.

Intimidées d'abord par la fureur du maître, toutes courbent la tête devant la sultane, excepté la folle Gulnare, qui rit au nez du pacha, le brave, et semble défier son maître.

Loin de s'effrayer, elle danse gaiement autour du sultan stupéfait de son audace.

Mais le vieillard, séduit malgré lui par les grâces de la jeune fille, s'adoucit peu à peu, donne tort au premier eunuque et à Zulméa, et dans son admiration pour la jolie esclave, lui offre la tête du premier eunuque... présent que Gulnare s'empresse de refuser.

Zulméa s'indigne de la préférence de son maître; elle s'emporte, le sultan en rit, et, attiré, séduit, entraîné par la coquetterie de Gulnare, il lui jette le mouchoir, à la joie du sérail et à la fureur plus grande encore de la sultane Zulméa.

Gulnare ramasse le précieux mouchoir avec une fausse humilité, puis le rejette à l'une de ses compagnes, qui le rejette à une autre, et, de ricochet en ricochet, le mouchoir finit par arriver ainsi jusqu'à une vieille négresse stupéfaite de tant d'honneur.

Zulméa est vengée de son infidèle amant.

Le pacha s'avance furieux vers Gulnare, mais celle-ci lui fait une révérence ironique et s'enfuit entraînant ses folles compagnes.

Le pacha écume de rage.,.. il ne sait à qui s'en prendre, et ordonne la bastonnade pour le pauvre eunuque tremblant d'effroi.

SCÈNE IV.

Le triomphe de Zuléma est de courte durée, car à peine le pacha commence-t-il à redevenir gracieux pour elle, que l'on annonce un marchand d'esclaves, et l'on voit paraître le vieux renégat Isaac amenant de force une femme voilée.

Cette femme est Médora.

Le pacha ne se sent pas de joie en retrouvant la belle Grecque enlevée par les corsaires.

Zulméa remarque avec crainte la vive émotion du pacha. Dès cet instant Médora compte une ennemie de plus.

Médora demande justice, au pacha, de l'infâme Isaac... Mais en voyant le Juif recevoir le prix de sa liberté, elle saisit le poignard du pacha, et va frapper le renégat.... On la désarme aussitôt, et Isaac s'enfuit épouvanté, tandis que le pacha rit aux éclats de la terreur de ce misérable.

SCÈNE V.

Gulnare et les femmes du pacha viennent examiner avec curiosité leur nouvelle compagne, lui trouvent mille défauts, critiquent sa beauté ; mais en voyant des pleurs dans les yeux de la nouvelle captive, Gulnare court vivement à elle, lui prend la main, la rassure, et tandis que le pacha donne des ordres à ses eunuques, les deux jeunes filles se comprennent, s'entendent, et semblent se liguer contre leur maître commun.

Le pacha montrant sa nouvelle esclave à Gulnare, lui annonce que c'est elle qu'il aimera désormais.

— Elle ne vous aimera pas plus que moi, lui répond Gulnare, ni son cœur ni le mien ne sont pour vous.

— C'est ce que nous verrons, dit Seyd.

Il fait apporter devant Médora des coffres pleins de bijoux, des étoffes précieuses; mais Médora refuse tout, repousse tout, à la grande joie de Gulnare, et à la plus grande colère du pacha.

SCÈNE VI.

La scène est interrompue par un grand mouvement qui s'opère dans les jardins du harem...

On voit défiler dans le fond des jardins une longue caravane de pèlerins et de derviches se rendant à la Mecque.

Le chef de la caravane est un vieillard, un pieux derviche qui vient demander pour ses gens et lui l'hospitalité au pacha.

Le pieux derviche paraît tout troublé en se voyant entouré par les femmes du harem.

Il baisse les yeux modestement et les détourne de ces séduisantes beautés!...

Le vieux Seyd, remis en belle humeur par l'embarras comique du saint homme, commande à ses femmes de lever leurs voiles devant ce digne fils de Mahomet.

Celui-ci s'éloigne d'elles vivement et avec indignation.

Le pacha rit de plus belle, et permet à la caravane de se reposer dans ses jardins.

Puis il trouve plaisant de continuer son épreuve sur la vertu du saint derviche; il veut lui montrer toutes les joies du harem.

A son ordre un ballet commence.

Gulnare danse avec ses compagnes devant le derviche de plus en plus ému.

Puis vient le tour de Médora, qui refuse de s'unir à ces jeux.

Mais un signe mystérieux du derviche a changé sa résolution; elle a reconnu son amant; la joie succède au désespoir; ivre de bonheur, elle danse à son tour, voltigeant autour du derviche, dont l'attention pour la belle odalisque divertit infiniment le pacha.

Mais la scène change bientôt de face.

La nuit approche, et Seyd ordonne à ses eunuques d'emmener Médora, sa nouvelle favorite.

Ceux-ci s'avancent pour la saisir, quand, à la vue de Médora prête à s'évanouir, le derviche laisse tomber la robe qui le couvre, et l'on reconnaît Conrad, le corsaire.

« On voit reluire sa cotte de mailles et briller les éclairs de son « glaive. Son regard étincelant, son visage sombre, le font apparaî-« tre aux yeux de ses ennemis comme un génie infernal, aux coups « duquel il est impossible de se dérober. »

Le corsaire s'élance vers le fond de la scène, saisit le cor qu'il porte à sa ceinture, et en tire un son éclatant.

A ce signal, les pèlerins, les derviches et toute la fausse caravane se dépouillent de leurs vêtements pieux, et paraissent, comme le chef, sous leurs habits de combat.

Les poignards des corsaires sont tirés, les mousquets brillent dans leurs mains...

Le désordre règne partout, une mêlée commence au milieu des jardins.

Seyd fuit éperdu, plein de terreur, suivi de ses femmes et de sa cour.

Conrad serre contre son cœur Médora mourante de crainte et de bonheur.

Elle s'attache à lui et le supplie de la suivre... Mais le corsaire résiste; il ne quittera le combat qu'après la victoire.

A ce moment, une femme éperdue, poursuivie par Birbanto, s'élance près de Conrad en le suppliant de la protéger.

Cette femme, c'est la jeune Gulnare.

Gulnare éplorée vient chercher un refuge près du corsaire victorieux.

Conrad, touché des larmes de Gulnare, la rassure et la prend sous sa protection. Ce n'est pas aux femmes qu'il fait la guerre, mais à celui qui voulait lui enlever Médora!

Pendant cette scène, et à la vue de Birbanto, Médora, frappée d'un affreux souvenir, semble retrouver dans la personne du lieutenant des pirates des rapprochements avec le bandit masqué qui l'a enlevée de la grotte.

Médora tourne autour du bandit en l'examinant avec soin. Sa taille, ses allures, tout la frappe, tout la fait tressaillir d'horreur.

Ses soupçons augmentent à cet examen, et le désir d'une juste vengeance paraît dans les traits de Médora.

Sa résolution est arrêtée ; elle livrera le traître au courroux de Conrad.

Le corsaire vient d'ordonner à Birbanto de s'éloigner.

Mais au moment où le bandit va sortir, il se trouve face à face avec Médora, pâle de mépris et de colère.

Médora retient le misérable et le ramène tremblant devant Conrad.

Elle explique au corsaire son enlèvement et les cruelles menaces auxquelles elle a cédé.

Elle raconte la terrible scène qui l'a mise au pouvoir de ses ravisseurs, et finit par désigner Birbanto comme le chef de ces scélérats.

La fureur éclate dans les yeux de Conrad ; il ordonne à Birbanto de se justifier.

Celui-ci nie impudemment le crime dont on l'accuse.

— *Eh bien !* dit Médora, *ose le jurer devant le ciel, qui t'écrasera si tu mens.*

Le bandit hésite un instant, puis il se décide ; et, levant la main, il fait le serment qu'on exige de lui.

Médora saisit le bras du sacrilége pour l'arrêter ; mais à cette pression, le bandit éprouve une vive douleur ; c'est le bras qui reçut le coup de poignard de Médora.

— *C'est lui ! c'est lui !* s'écrie alors Médora ; et relevant vivement la manche du misérable, elle fait voir à Conrad la blessure encore récente qu'elle lui fit dans la grotte.

Atterré, tremblant, le bandit convaincu avoue son crime.

— *A genoux*, lui dit alors Conrad, *à genoux devant ta victime, misérable !* et il le force à tomber aux pieds de Médora.

Saisissant un pistolet à sa ceinture, il l'applique sur le front du bandit et va faire feu... quand Gulnare et Médora lui arrêtent le bras. Et le bandit, se relevant vivement, profite de cet instant de salut pour s'enfuir en faisant des gestes de menace.

SCÈNE VII.

Épuisée par tant d'émotions diverses, Médora est prête à s'évanouir dans les bras de son amant ; mais les soins de Gulnare, la tendresse du corsaire lui font surmonter cet instant de faiblesse, et elle s'apprête à s'éloigner avec Conrad, quand les gardes de Seyd-Pacha, ralliés par le traître Birbanto, se glissent dans les jardins, entourent Médora et l'entraînent rapidement, tandis que le corsaire reçoit les actions de grâce de la jeune Gulnare pour l'avoir arrachée à ses gens.

Conrad s'aperçoit bientôt de son nouveau malheur, il va courir, s'élancer après ses ravisseurs... mais le nombre de ses ennemis l'accable.

Le pacha, radieux, tient son redoutable ennemi désarmé, au milieu d'un cercle de fusils dont sa poitrine est le centre.

— Épargnez-le! s'écrie Gulnare tombant aux genoux de Seyd.

Insensible à ses prières, à celles de toutes les femmes du sérail qui l'entourent, Seyd-Pacha ordonne de conduire à la mort son ennemi prisonnier, qui sort en lui jetant des regards de mépris.

TABLEAU.

FIN DU DEUXIÈME ACTE.

ACTE TROISIÈME.

PREMIER TABLEAU.

L'appartement du pacha, dans un kiosque élégant. Fenêtre donnant sur la mer. Vaste porte au fond.

SCÈNE PREMIÈRE.

Seyd-Pacha tient son lit de justice, entouré de ses grands dignitaires.

Il ordonne au premier eunuque de lui amener Médora.

SCÈNE II.

Seyd-Pacha fait approcher Médora.

— Choisis entre mon trône, ma main, et la vie de celui que tu aimes, lui dit-il.

Médora refuse cet indigne traité.

Une marche lugubre se fait entendre, et l'on voit passer au fond Conrad enchaîné que l'on conduit à la mort.

Médora s'élance vers le corsaire, et supplie le pacha de suspendre le supplice.

— J'y consens, dit Seyd; dis-lui mes conditions; son sort est dans tes mains.

Sur un signe du pacha, l'on fait approcher le condamné; et Seyd s'éloigne en adressant une dernière menace à Médora.

SCÈNE III.

Le corsaire et Médora tombent dans les bras l'un de l'autre.

— Pourquoi ce sursis à mon exécution? demande-t-il à Médora.

— Pour que tu vives, si tu le veux, lui répond-elle.

Surprise de Conrad, à qui elle explique le prix que Seyd met à son salut.

Conrad préfère cent fois la mort à l'infidélité de celle qu'il aime.

— Eh bien, lui dit Médora, nous mourrons ensemble, car je ne te survivrai pas !

SCÈNE IV.

La fin de cette scène est entendue par Gulnare, qui s'est glissée dans le kiosque.

Elle s'approche alors et dit aux amants, qu'il y a un autre parti à prendre, un autre moyen de les sauver.

— *C'est toi qui m'as protégée contre tes forbans*, dit-elle à Conrad. *Le moment est venu de t'en prouver ma reconnaissance.*

Accepte la vie que t'offre Seyd-Pacha, noble Conrad ; accepte la main qu'il te propose, belle Médora, et vous n'en serez pas moins heureux.

Étonnement du corsaire et de Médora.

Mais Gulnare les prend chacun à part, et leur fait une mystérieuse confidence.

Un éclair de joie et d'espoir brille aussitôt sur leurs visages, et ils serrent tour à tour les mains de leur ange sauveur avec une vive gratitude.

SCÈNE V.

Seyd reparaît.

— Doit-il vivre? doit-il mourir?... dit-il à Médora en montrant Conrad.

— Je ne puis lutter avec toi, lui dit Conrad, mon amour et ma vie errante ne valent pas le trône que tu lui offres.

Médora fait un signe de soumission.

Le pacha est ivre de joie, et communique son bonheur à ceux qui l'entourent.

Pendant ce temps, Conrad, Gulnare et Médora se sont concertés entre eux.

Après un nouveau serment de veiller sur eux, fait par Gulnare aux deux amants, Conrad dit à Médora qu'à minuit il viendra l'arracher à sa captivité.

— A minuit, lui répète-t-il ; jusque-là, veille sur mon bonheur.

— Qu'il soit libre, dit Seyd en désignant Conrad, et que nul n'ose attenter à ses jours.

Conrad s'éloigne au milieu de tous ceux qui l'entourent, en renouvelant, par un signe à Médora, la promesse de son retour.

SCÈNE VI.

Tout prend un air de fête.

Gulnare emmène Médora, que le pacha désigne avec amour comme la reine de ces lieux.

Dès que les deux jeunes filles sont sorties, le pacha ordonne les apprêts de son mariage.

Puis il fait apporter des coffres pleins de richesses, dont il distribue, dans sa joie, le contenu à ses odalisques.

SCÈNE VII.

Un air joyeux se fait entendre, c'est la marche du mariage.

Les ministres, les eunuques, les odalisques, viennent se grouper autour du pacha.

On voit entrer d'abord de jeunes almées jetant des fleurs devant elles, puis des thuriféraires portant des cassolettes de parfums, puis les prêtres, les imans conduisant la fiancée du pacha.

La jeune fille est couverte d'un long voile de mousseline, brodé d'argent, et qui la recouvre complétement; mais en passant devant le public, elle le soulève vivement, et laisse voir les traits de Gulnare, qui a pris la place de la bien aimée de Conrad.

Le pacha la conduit devant le grand muphti, placé près d'un autel portatif de forme orientale, et sur lequel brûle le feu sacré.

Il prononce des prières sur les époux inclinés, pendant que des almées dansent autour d'eux.

La jeune odalisque présente sa main au pacha, toujours les traits cachés sous son long voile, et Seyd place l'anneau nuptial au doigt de sa nouvelle épouse.

Puis il lui offre la main pour la reconduire à ses appartements.

SCÈNE VIII.

Tout se prépare pour la nuit des noces.

Le pacha veut que son amour se trahisse par de riches apprêts. Des vases de fleurs sont apportés, des cassolettes allumées. Une douce obscurité règne dans le kiosque, et c'est le cœur plein d'amour et de tendre émotion que Seyd attend l'heure, si désirée, de son bonheur.

SCÈNE IX.

Une portière se soulève mystérieusement, et l'on voit entrer de jeunes almées conduisant la belle fiancée, toujours cachée par son voile épais.

Seyd ordonne aux jeunes filles de s'éloigner.

Il reste seul avec sa nouvelle épouse, ou plutôt avec celle qu'il croit avoir épousée.

Il s'approche avec amour, et veut soulever le voile qui la lui cache.

La jeune fille refuse avec pudeur.

Mais Seyd insiste, et bientôt le voile tombe aux pieds de la fiancée.

Mais ce n'est plus Gulnare qu'il dérobait aux empressements de l'amoureux pacha; c'est Médora elle-même dans le costume le plus séduisant.

Ses charmes à peine voilés redoublent la passion de Seyd.

La légère créature voltige et bondit autour du pacha transporté.

De temps en temps elle témoigne son impatience de voir l'heure marcher si lentement. Mais l'heure de la délivrance n'a pas encore sonné pour elle.

Tout à coup elle semble frappée de terreur en apercevant le riche poignard que porte Seyd à sa ceinture. Elle le désigne au pacha, en feignant le plus grand effroi.

Le galant pacha le lui offre aussitôt; mais la terreur de Médora semble redoubler à la vue des pistolets de Seyd.

Le pacha les remet, comme le poignard, dans les mains de la belle Grecque.

Il va la saisir alors, mais elle le fuit encore, et sa danse redevient plus brillante et plus vive.

Le pacha tombe aux pieds de Médora, joignant les mains pour la supplier de l'écouter enfin.

Médora semble frappée d'une folle et gracieuse idée en voyant Seyd lui tendre les mains.

Elle détache vivement l'écharpe de gaze d'or qui entourait sa fine taille, et, tout en riant, elle s'en sert comme d'un lien pour attacher les mains de son adorateur.

Le pacha rit d'abord de cette folie, mais il trouve qu'on resserre un peu trop le nœud qui l'enchaîne.

A ce moment minuit sonne, la fenêtre s'ouvre spontanément, et sur la fenêtre paraît Conrad, l'œil terrible et menaçant.

Seyd, pâle et tremblant à cette subite apparition, voit avec effroi le poignard qu'il portait offert au corsaire par Médora.

Seyd va s'élancer au fond et appeler du secours, lorsque Médora saisit les pistolets du pacha, et les tournant vers lui, le menace de la mort s'il fait un geste ou s'il pousse un cri.

Puis, protégeant ainsi la fuite du corsaire qui l'entraîne vers la fenêtre, ils s'y réfugient tous les deux. La fenêtre se referme subitement sur eux.

Seyd-Pacha, parvenu à dégager ses mains liées, court à son timbre d'airain et le frappe avec fureur.

A ce bruit, toutes les portes s'ouvrent.

SCÈNE X.

On accourt de tous côtés.

Les gardes et toutes les femmes du sérail paraissent à la fois.

Le pacha désigne la fenêtre à ses gardes.

La fenêtre est ouverte violemment; mais le balcon est vide, et l'on entend retentir trois coups de canon au lointain.

Les fugitifs ont disparu. Ils regagnent le vaisseau corsaire qui les appelle et les attend.

La fureur de Seyd-Pacha est au comble; on lui enlève celle qu'il aime, son épouse enfin!...

— Votre épouse, lui dit Gulnare en paraissant et en lui montrant son anneau, c'est moi!... moi qui suis votre femme et la reine de ces lieux.

A cette révélation, le pacha stupéfait tombe écrasé de colère et d'étonnement, tandis que toutes les femmes du sérail se courbent et s'agenouillent devant Gulnare, qui leur présente fièrement son anneau de mariage.

DEUXIÈME TABLEAU.

La mer.

Le ciel pour horizon.

Un navire immense, le vaisseau corsaire, flotte au milieu des vagues à peine soulevées par la brise du soir.

Conrad est assis sur le pont du vaisseau, tenant sa bien-aimée dans ses bras.

Quelques femmes esclaves sont couchées çà et là.

Des matelots et des corsaires fument sur l'avant du navire.

Une belle et douce soirée préside à cet instant de bonheur acheté par Conrad et Médora au prix de tant d'orages.

Ils sont sauvés enfin et regagnent leur grotte fortunée.

Le corsaire montre au loin la terre à Médora!

Quelques matelots et des pirates paraissent sur le pont, appelés par Conrad.

Il veut célébrer, par une fête à bord, son heureuse délivrance et celle de Médora.

Il distribue de l'or à ses pirates, fait apporter un tonneau de rhum sur le pont, et les joyeux marins y puisent à pleine tasse.

A cette fête bachique en succède une autre plus gracieuse.

Des jeunes filles grecques entourent Médora, et une danse aérienne et poétique remplace la bachique gaieté des corsaires.

Conrad, transporté de nouveau par la grâce et les charmes de sa bien-aimée, la serre contre son cœur, et lui jure un éternel amour, entouré de son équipage témoin de ce serment solennel.

A ce moment des nuages s'abaissent lentement sur les eaux et éteignent les dernières clartés du soir.

Le tonnerre gronde sourdement.

Conrad saisit son porte-voix et appelle son équipage sur le pont.

C'est l'orage qui s'avance dans le ciel, portant avec lui la menace et la terreur.

Les éclairs illuminent le bâtiment de leur sinistre lueur!

Chacun s'agite pour le salut général!

On court aux voiles, aux mâts, au gouvernail.

La tempête augmente... la mer élève ses flots vers les cieux!

Le bruit sinistre du canon d'alarme se fait entendre.

Le navire monte et redescend avec une horrible violence.

Des cris d'angoisse et d'horreur retentissent.

La foudre éclate et vient frapper le navire, qu'elle entr'ouvre.

Alors une scène épouvantable commence. Les bras levés vers ce ciel qu'ils ont si souvent maudit, les pirates demandent à Dieu secours et pitié.

Mais Dieu veut engloutir d'un seul coup cette horde de bandits.

Un effroyable craquement se fait entendre.

Le vaisseau fait eau de toutes parts... la mer y jette ses lames avec furie.

Conrad, Médora, tous les pirates, leurs femmes avec leurs enfants dans les bras, précipités de l'avant à l'arrière, ballottés par la tempête, voient avec désespoir le vaisseau s'engloutir peu à peu dans l'immense abîme, et ils disparaissent bientôt avec lui dans les profondeurs de l'océan qui se referme sur eux.

ÉPILOGUE.

La mer s'est apaisée! Les flots ont englouti le redoutable navire et ses terribles hôtes.

La vague a tout recouvert comme un vaste linceul.

Une lune claire et brillante vient argenter la mer de ses reflets lumineux, et à cette vive et fantastique clarté l'on aperçoit un dernier débris du vaisseau submergé.

C'est une épave flottante, perdue au milieu de l'onde immense.

Deux créatures humaines s'y soutiennent encore, fortement enlacées l'une à l'autre.

C'est Conrad, c'est Médora, miraculeusement échappés au naufrage.

Leur pur amour a sans doute touché celui devant lequel ils se le juraient.

Le vent les pousse vers la rive, où brille un phare protecteur.

Ils y abordent enfin, et tombent à genoux pour remercier le ciel.

De ce jour, le terrible corsaire ne reparut plus; l'amour lui avait inspiré le repentir... le repentir lui donna, sans doute, la paix et le bonheur!

FIN.

Paris. — Imprimerie Morris et Comp., rue Amelot, 64.

THÉÂTRE DE L'OPÉRA.

Pièces en vente à la librairie de Mme Ve Jonas, éditeur.

EXTRAIT DU CATALOGUE.

OPÉRAS.

La Muette de Portici, 5 actes.	Le Philtre, 2 actes.
Robert le Diable, 5 actes.	Don Juan, 5 actes.
Le Lac des Fées, 5 actes.	Le Dieu et la Bayadère, 2 actes.
Guillaume Tell, 3 actes.	Le Comte Ory, 2 actes.
La Juive, 5 actes.	Richard en Palestine, 3 actes.
Les Huguenots, 5 actes.	Robert Bruce, 4 actes.
Guido et Ginevra, 5 actes.	La Bouquetière, 1 acte.
Benvenuto Cellini.	L'Ame en peine, 2 actes.
La Vendetta, 3 actes.	Le Freischutz, 3 actes.
La Xacarilla, 2 actes.	L'Etoile de Séville, 1 acte.
Gustave, 5 actes.	Marie Stuart, 5 actes.
Les Martyrs, 4 actes.	Jérusalem, 4 actes.
Stradella, 3 actes.	L'Apparition, 2 actes.
La Favorite, 4 actes.	Jeanne la Folle, 5 actes.
Le Comte Carmagnola, 2 actes.	Le Prophète, 5 actes.
La Reine de Chypre, 5 actes.	Le Fanal, 2 actes.
Charles VI, 5 actes.	Sapho, 3 actes.
Le Guérillero, 2 actes.	Démon de la Nuit, 2 actes.
Le Vasseau Fantôme, 2 actes.	L'Enfant prodigue, 5 actes.
Don Sébastien de Portugal, 5 actes.	La Corbeille d'Oranges, 3 actes.
Le Lazzarone, 2 actes.	Le Juif errant.
Le Serment, 3 actes.	La Fronde.
La Vestale, 5 actes.	Louise Miller.
Fernand Cortez, 3 actes.	Le Maitre-Chanteur, opéra en 2 actes.
Moïse, 3 actes.	

BALLETS.

La Révolte des Femmes.	Paquita.
Le Diable Boiteux.	Betty.
La Chatte métamorphosée en Femme.	Ozaï.
La Gypsy.	La Fille de Marbre.
La Tarentule.	Griseldis.
La Tempête.	Nisida.
La Sylphide.	La Vivandière.
Le Diable amoureux.	Le Violon du Diable.
Giselle.	La Filleule des Fées.
Les Noces de Gamache.	Paquerette.
La Jolie Fille de Gand.	Vert-Vert.
La Péri.	Orfa.
Lady Henriette.	L'Atellane.
Le Diable a Quatre.	Jovita, ou les Boucaniers.

Et le Répertoire complet des pièces de l'Opéra ancien et nouveau.

PIÈCES DIVERSES.

Le Vent du Malabar, opéra-comique en 1 acte, par MM. *Siraudin* et *Adrien Robert*, musique de M. *Doche*. Prix : 60 c.
Le Château de Barbe-Bleue, opéra-comique, par M. *Saint-Georges*, musique de M. *Limnander*.
Faute d'un Pardon, drame en 5 actes, par MM. *P. Foucher* et *A. Jarry*. Prix : 60 c.
Le Prisonnier sur parole, drame en 3 actes, par MM. *Faulquemont* et *Paul*. Prix : 50 c.
Mlle de Choisy, comédie-vaudeville en 2 actes, par MM. *de Saint-Georges* et *B. Lopez*.

OUVRAGES D'ALEXANDRE WEILL. — En vente :

Debout la Province, 9e édition. Prix : 50 c.
Roi et Président. Prix : 1 fr.
Génie de la Monarchie, 3e édition. Prix : 2 fr.
De l'Hérédité du Pouvoir, 9e édition. Prix : 1 fr.
République et Monarchie, 9e édition. Prix : 1 fr.

Paris. — Typographie Morris et Compagnie, rue Amelot, 64.

www.ingramcontent.com/pod-product-compliance
Lightning Source LLC
Chambersburg PA
CBHW060601050426
42451CB00011B/2027